Rainer Haak

In Gottes Hand geborgen

SKV-EDITION

Bildnachweis:
Titelseite: B. zur Bonsen
S. 4: T. Pichler; S. 5: J. Krätschmer; S. 7: G. Eppinger; S. 8: B. zur Bonsen; S. 9: F. Mader; S. 11: links Mark/DIA-Express; rechts oben Dr. Thiele/IFA-Bilderteam; unten Huber; S. 12: P. Santor; S. 13: A. Albinger; S. 15: St. Lipp; S. 16: Bildarchiv Fiebrandt; S. 17: H. Mülnikel; S. 19: links R. Haak; rechts oben P. Jacobs; unten R. Radtke; S. 20: R. Rauth; S. 21: M. Hahn; S. 23: St. Lipp; S. 24: B. zur Bonsen; S. 25: H. Janßen; S. 27: links G. Hettler; rechts oben B. zur Bonsen; unten U. Seidel; S. 28: Jakob/IFA-Bilderteam; S. 29: R. Haak; S. 31: V. Rauch

Die Deutsche Bibliothek – CIP-Einheitsaufnahme

Haak, Rainer:
In Gottes Hand geborgen / Rainer Haak. – Lahr/Schwarzwald : SKV-Ed., 1992
(Glauben & Leben ; Nr. 93903)
ISBN 3-87729-918-0
NE: GT

ISBN 3 87729 918 0

Glauben & Leben Nr. 93 903

Gesamtherstellung:
St.-Johannis-Druckerei, 7630 Lahr
Printed in Germany 2503/1992

Geborgen in Gott

Wer entwurzelt, unsicher und voller Angst ist, wird einen großen Teil vom Leben verpassen. Jedes Leben braucht Sicherheit, um Wagnisse eingehen zu können. Es braucht Wurzeln und Heimat, um sich auf Neues einlassen zu können. Es braucht Nähe und Liebe, um auf sich allein gestellt sein zu können.

Die Bibel macht mir Mut, meine Sicherheit und Heimat bei Gott zu suchen und bei ihm Geborgenheit zu erwarten. Gott will uns damit nicht zu Weltflüchtlingen machen, sondern uns die Freiheit geben, Wagnisse einzugehen und neue Wege zu gehen.

Ich wünsche Ihnen die Erfahrung, daß mit Gott Geborgenheit und Abenteuer zu finden sind.

Ihr Rainer Haak

Ich bin das Licht der Welt. Wer mir nachfolgt,
wird nicht in der Finsternis umhergehen, sondern
wird das Licht des Lebens haben.
Johannesevangelium 8,12

Ich kenne die Dunkelheit im Leben. Ich weiß, wie es ist, keinen Ausweg mehr zu sehen. Ich dachte schon manchmal, am Ende zu sein. Aber ich kann mich auch erinnern, wie es war, wenn es wieder hell wurde, wenn sich ein Ausweg fand und ich erlebte, daß es weiterging. Ich glaube fest daran, daß es in einer dunklen Welt hell werden kann, daß finstere Gedanken nicht sein müssen und daß Gott mit uns niemals am Ende ist.

Wo komme ich her, wo gehe ich hin? Bin ich nur ein winziger Wassertropfen im Meer der Zeit? Trage ich seit meinem Anfang das Ende schon in mir?
Mein Glaube sagt mir, daß mein Leben kein Zufall ist. Er stellt mein Sein in einen viel größeren Zusammenhang. Er gibt dem Meer der Zeit eine Seele.
Von Jesus lerne ich, daß mein Leben ein Geschenk ist. Gott hat mich geschaffen und gewollt, lange vor der Zeit. Und er wird mich auch danach nicht loslassen.

Ich bin das A und das O, der Erste und der Letzte, der Anfang und das Ende.
Offenbarung 22,13

Gott vertrauen heißt: sich verlassen auf das, was man hofft, und fest mit dem rechnen, was man nicht sehen kann.

Hebräerbrief 11,1

Es gibt keinen Beweis für die Existenz Gottes. Gott läßt sich nicht beweisen, nicht sehen, nicht beschreiben, nicht messen. Ich bin allein auf Gottes Spuren in dieser Welt angewiesen: Gottes·Schöpfung, sein Wort, Menschen, die durch den Glauben verändert wurden, vielleicht auch Spuren in meinem Leben. Diese Spuren, diese Erfahrungen, reichen mir aus, Gott für mein Leben ganz zu vertrauen – mehr als allen Menschen und allen Zukunftsversprechungen dieser Welt.

Ich kann Gott leugnen. Ich kann ihn ablehnen. Ich kann ihn beschimpfen und verletzen. Ich kann über ihn lächeln. Ich kann ihn verdrängen. Ich kann mich vor ihm verstecken. Aber ich kann nicht verhindern, daß er mich liebt. Ich kann nicht verhindern, daß er mich schützt und bewahrt. Ich kann nicht verhindern, daß er mir in jedem Augenblick ganz nahe ist.

Von allen Seiten umgibst du mich und hältst deine Hand über mir.
Psalm 139,5

Gott ist jedem von uns nahe; denn in ihm leben, gehen und stehen wir.
Apostelgeschichte 17,27–28

Wir haben verschiedene Vorstellungen von Gott. Für einige ist er liebevoll und gütig, für andere vor allem mächtig und streng. Unser Gottesbild ist durch unsere Lebensgeschichte stark geprägt. Es gibt Menschen, die reden sehr vertraut mit Gott, andere leiden unter der Distanz zu ihm.
Eines ist klar: Das Bild eines Gottes weit fort im Weltall ist nicht das Bild der Bibel. Dort begegnet uns ein Gott, der uns in jedem Augenblick ganz nah ist, der uns umgibt und begleitet – gerade in Zeiten der Not und Resignation.

Wenn ich mich mit dem Leben und Wirken Jesu beschäftige, dann begegnet mir jemand, der sich mit ganz großer Liebe und Zärtlichkeit auf die Menschen einläßt. Gerade den Verzweifelten und Hoffnungslosen schenkt er seine Nähe und seinen Zuspruch, den Zerschlagenen und Zerbrochenen gibt er neue Würde. Und plötzlich kann ich mir vorstellen, wie er in mein Leben tritt, mich liebevoll anschaut, mich in die Arme nimmt und bei mir bleibt.

Christus spricht: Siehe, ich stehe vor der Tür und klopfe an. Wenn jemand meine Stimme hört und öffnet, werde ich zu ihm hineingehen. Ich werde mit ihm essen und er mit mir.
Offenbarung 3,20

Erbarm dich, Gott, hab Erbarmen mit mir!
Denn bei dir ist mein Leben geborgen.
Psalm 57,2

Es gibt Situationen in meinem Leben, da weiß ich nichts anderes zu tun, als zu weinen und zu klagen. Als Kind konnte ich da zu meiner Mutter kommen, mich ausweinen, und hinterher war es nur noch halb so schlimm. Ich bin froh, daß ich auch als erwachsener Mensch Gott nichts vormachen muß in solchen Augenblicken. Ich darf klagen und meine Verzweiflung hinausschreien. Ich darf Gott anflehen und auf sein Erbarmen hoffen. Was auch immer geschieht, er meint es gut mit mir.

Ich bin selten zufrieden. Ich will mehr und noch mehr. Ich will mehr erleben, ich will größeren Nervenkitzel, ich will ein besseres Auto, ich will erfolgreicher sein, beliebter und geschätzter, ich will mehr vom Leben haben, mehr wissen, mehr genießen, mehr verstehen. Und ich will mehr Gutes tun, die Welt verbessern, mehr Sinnvolles tun. Tief in mir weiß ich, daß meine Sehnsucht nach Leben nur bei einem gestillt werden kann: bei dem, der das Leben selbst ist und mir alles schenken will, was ich zum Leben brauche.

Ich bin das Brot des Lebens; wer zu mir kommt,
wird nicht hungern, und wer an mich glaubt,
wird nie mehr dürsten.
Johannesevangelium 6,35

Der Herr wird mit dir sein und dich nicht verlassen; fürchte dich nicht und sei unverzagt.
Deuteronomium / 5. Mose 31,8

Es gibt Situationen im Leben, in denen ich völlig allein bin. Es gibt Dinge, bei denen mir kein Mensch helfen kann. Bei entscheidenden Aufgaben und Prüfungen, beim Kampf gegen mich selbst, bei Krankheit und schließlich beim Sterben bin ich auf mich angewiesen. Ich bin allein, selbst wenn mich gute Freunde begleiten.
Ich darf jedoch sicher sein, daß Gott mir gerade dann besonders nahe ist, er, der mich viel besser kennt als ich selbst.

Wenn ich mit meinem Leben glücklich und zufrieden bin, wenn mir eine schwere Aufgabe gelungen ist, wenn ich eine besonders schöne Urlaubsreise unternehmen kann, wenn ich mit Freunden ausgelassen feiere – dann kann ich zwar Gott dafür danken, aber ich habe doch das Gefühl, daß er mir sehr fern ist.
Wenn ich verzweifelt nach einem Ausweg suche, wenn ich mich selbst nicht mehr ausstehen kann, wenn ich endgültig Abschied nehmen muß, wenn die Kräfte nachlassen, wenn ich völlig versagt habe – dann kann es geschehen, daß ich Gott so nahe spüre wie sonst nie.

*Kommt alle zu mir, die ihr euch plagt
und schwere Lasten zu tragen habt. Ich werde
euch Ruhe verschaffen.
Matthäusevangelium 11,28*

*Ich bin gewiß, daß weder Tod noch Leben,
weder Engel noch Gewalten, weder
Gegenwärtiges noch Zukünftiges, weder Hohes
noch Tiefes noch irgendeine andere Kreatur
uns trennen kann von Gottes Liebe,
die in Christus Jesus ist, unserm Herrn.
Römerbrief 8, 38–39*

Wenn meine Beziehung zu Gott nur von meiner Stärke und Treue und Zuverlässigkeit abhängen würde, dann würde sie wohl nicht von Dauer sein. Probleme und Zweifel würden meinen Glauben ebenso gefährden wie all die schönen und interessanten Dinge im Leben, die mir in verschiedenen Lebensphasen wichtiger sind als Gott. Zum Glück ist Gott in dieser Beziehung so ganz anders als ich. Er steht zu seinem Wort und zu mir. Seine Liebe zu mir kann durch nichts in Frage gestellt werden.

Das ewige Leben, so macht die Bibel mir klar, wird nicht wie ein Hauptgewinn bei einer Lotterie verteilt. Es wird mir nicht, wenn ich Glück habe, nach meinem Tod verliehen. Ewiges Leben ist ein Leben mit Gott, mit dem Ursprung und dem Bewahrer allen Lebens. Wirkliches Leben ist auf Dauer nicht ohne ihn möglich. Wenn ich das Angebot Jesu zum Leben annehme, dann ist dieses Leben durch nichts zu zerstören.

Jesus sagt: Ich bin die Auferstehung und das Leben.
Wer an mich glaubt, wird leben,
auch wenn er stirbt; und wer lebt und an mich glaubt,
wird in Ewigkeit nicht sterben.
Johannesevangelium 11,25–26

Das sichere Fundament, das Gott gelegt hat,
kann nicht erschüttert werden.
Auf ihm steht geschrieben:
»Der Herr kennt die, die zu ihm gehören.«
2. Timotheusbrief 2,19

Vieles, was mir früher wichtig war, hat heute keine Bedeutung mehr für mich. Vorbilder von damals haben ihren Glanz verloren, Meinungen und Grundsätze gelten längst nicht mehr. Hoffnungen wurden vielfach begraben, und Vertrauen wurde enttäuscht. Oft genug enttäuschte ich mich selbst am meisten. Ich bin froh, daß Gottes Liebe unveränderlich ist. Es ist gut, daß er unsere Beziehung niemals in Frage stellt. Auch wenn mein Glaube schwankt – mit Gott kann ich rechnen. Seiner Liebe darf ich vertrauen.

Es ist schön, viel Zeit zu haben. Besonders dann, wenn ich sie sinnvoll nutzen und füllen kann. Zeit kann mir aber auch zwischen den Fingern zerrinnen. Sie kann mir gestohlen werden. Sie kann mich an mein letztes Stündchen erinnern.
Es ist gut zu wissen, daß Gott die Zeit geschaffen hat. Er ist Herr der Zeit, und er bestimmt auch die Zeit, die ich hier leben darf. In seiner Hand ist meine Zeit gut aufgehoben.

Du bist mein Gott!
Meine Zeit steht in deinen Händen.
Psalm 31,15–16

Rainer Haak greift in der Reihe »Glauben & Leben« Themen auf, die uns alle früher oder später direkt oder indirekt beschäftigen.
Folgende Bändchen sind bereits veröffentlicht:

Trost in schweren Stunden, Bestell-Nr. 93 901
Freude im Alltag, Bestell-Nr. 93 902
In Gottes Hand geborgen, Bestell-Nr. 93 903
Gott, segne diese Ehe, Bestell-Nr. 93 904